Wolfgang Amadeus
MOZART

VESPERÆ SOLENNES
DE CONFESSORE
K. 339

Vocal Score
Klavierauszug

PETRUCCI LIBRARY PRESS

CONTENTS

ORCHESTRA

Bassoon
2 Trumpets, 3 Trombones, Timpani
Organ
Violins I, Violins II, Violoncellos, Double Basses

Duration: ca. 26 minutes
First performance: Salzburg, 1780
Soli, Chorus and Orchestra / Composer

Vesperæ solennes de confessore

K. 339

1. Dixit

Wolfgang Amadeus Mozart
Piano reduction by J. A. Fuller-Maitland

12
se - de a de - xtris me - is, do - nec po - nam i - ni-
se - de a de - xtris me - is, do - nec po - nam i - ni-
se - de a de - xtris me - is, do - nec po - nam i - ni-
se - de a de - xtris me - is, do - nec po - nam i - ni-
12
17
mi - cos tu - os sca - bel - lum pe - dum tu - o - - -
mi - cos tu - os sca - bel - lum pe - dum tu - o - - -
mi - cos tu - os sca - bel - lum pe - dum tu - o - - -
mi - cos tu - os sca - bel - lum pe - dum tu - o - - -
17
22
A
rum. Vir - gam vir - tu - tis tu - ae e -
rum. E - mit - tet -
rum.
rum.
22
A

Lyrics underlay:

mit - tet Do-mi-nus ex_ Si - - - on, do-mi-na-re in

Do - minus ex Si - - - on,

E-mit - tet Do-mi-nus ex_ Si - - - on,

E - mit - tet Do - mi - nus,

me - di - o i - ni - mi - co-rum tu - o - - - rum. Te-cum

...in me - di - o i - ni - mi - co-rum tu - o - - - rum. Te-cum

do-mi-na - - - re_ in_ me - - di - o.

do - mi - na - - - re.

prin - - - ci - pium in di - - e vir - tu - tis tu - - -

prin - - - ci - pium in di - - e vir - tu - tis tu - - -

Te-cum prin - - - ci - pium in di - - e vir - tu - tis

Te-cum prin - - - ci - pium in di - - e vir - tu - tis

42
ae in splen - do - ribus san - cto - - - - rum, ex u - - te - ro
ae in splen - do - ribus san - cto - - - - rum, ex u - te - ro
tu - - - - ae in splen - do - ribus san - cto - rum, ex u - - te - ro
tu - - - - ae in splen - do - ribus san - cto - rum, ex u - - te - ro
47
B
an - te lu - ci - - fe - rum ge - nu - i te. Ju - - -
an - te lu - ci - - fe - rum ge - nu - i te. Ju - - -
an - te lu - ci - - fe - rum ge - nu - i te. Ju - - -
an - te lu - ci - - fe - rum ge - nu - i te. Ju - - -
52
ra - vit Do - - mi - nus et non poe - ni te - bit
ra - vit Do - - mi - nus et non poe - ni - te - bit
ra - vit Do - - mi - nus et non poe - ni - te - bit
ra - vit Do - - mi - nus et non poe - nitebit
p

58
e - um: tu es sa - cer - dos in ae - ternum se - cun -
e - um: tu es sa - cer - dos in ae - ternum se -
e - um: tu es sa - cer - dos in ae - ternum se -
e - um: tu es sa - cer - dos in ae - ternum se -
64
C
dum or - dinem Mel - chi - se - dech. Dominus a de - xtris
cun - dum or - dinem Mel - chi - se - dech.
cun - dum or - dinem Mel - chi - se - dech. Do - mi - nus a
cun - dum or - dinem Mel - chi - se - dech.
69
tu - is, a de - xtris tu - is con - fre - git in
Do - mi - nus a de - xtris con - fre - git in
de - xtris tu - is con - fre - git in
Do - mi - nus a de - xtris con - fre - git in

74
fp
di - e i - rae su - ae re - - - ges, in di - - - e
di - e i - rae su - ae re - - - ges, in di - - - e
di - e i - rae su - ae re - - - ges, in di - - - e
di - e i - rae su - ae re - - - ges. in di - - - e
80
i - rae su - ae re - ges. Ju - - - di - - -
i - rae su - ae re - ges. Ju - - - di - - -
i - rae su - ae re - ges. Ju - - - di - - -
i - rae su - ae re - ges. Ju - - - di - - -
85
D
ca - bit in na - ti - o - ni - bus, im - ple - bit ru - i - -
ca - bit in na - ti - o - ni - bus, im - ple - bit ru - i - -
ca - bit in na - ti - o - ni - bus imple - -
ca - bit in na - ti - o - ni - bus, im - ple - -

90
nas, ru - i - - - - nas, conquas - sa - bit ca - pita in ter - ra mul -
nas, ru - - i - - - - - nas, conquas - sa - bit ca - pita in ter - ra mul -
- bit ru - i - - - - nas, conquas - sa - bit ca - pita in ter - ra mul -
bit ru - i - - - nas, conquas - sa - bit ca - pita in ter - ra mul -
90
96
to - rum, in ter - - - - ra mul - to - - - rum. De tor - ren - -
to - rum, in - ter - - ra mul - to - - - rum. De tor - ren - -
to - rum, in - ter - - - ra mul - to - - - rum. De tor -
to - - - rum, in ter - ra mul - to - - rum. De tor -
96
102
te in vi - a bi - - - - bet, in vi - a bi - - - - bet, pro -
te in vi - a bi - - - - bet, in vi - a bi - - - - bet, pro -
ren - - te in vi - a bi - - - bet, in vi - a bi - - - -
ren - - - te in vi - a bi - - - bet, in vi - a bi - - -
102

107
pte - re-a ex - al - ta - - - bit, ex -
pte - re-a ex - al - ta - - - - bit, ex -
bet, pro - - pte - re-a ex - - al - ta - - - bit, ex -
bet, pro - pte - re-a ex - - al - ta - - bit, ex -
107
112
al - - - - ta - - - - bit ca - - - - put.
al - - - - ta - - - - bit ca - - - put.
- - al - - - ta - - - - - bit ca - - - - put.
al - - - - ta - - - - bit ca - - - - put.
112
117 E
Solo
Glo-ri-a pa - tri
Solo
Glo-ri-a pa - tri et fi - - -
Solo
Glo-ri-a pa - tri
Solo.
Glo-ri-a pa - tri et fi - -
117 E
p

123
et spi - ri - tu - i san -
- - - li - o et spi - ri tu - i san -
et spi - ri - tu - i san -
- - li - o et spi - ri - tu - i san -
128
Tutti
cto, si - cut e - rat in prin - ci - pi - o,
133
si - cut e - rat in prin - ci - pi - o et nunc et

138

sem — — per et in sae — cu—la sae — — cu

sem — — per et in sae — cu—la sae — — cu —

sem — — per et in sae — cu—la sae — — cu —

sem — — per et in sae — cu—la sae — — cu —

142

lo — — — — — — — —

lo — — — — — —

lo — — — — — —

lo — — — — — —

146

— — — — — — — — rum. A — —

— — — — — — rum. A —

— — — — — — rum. A —

— — — — — — rum. A —

150
men, a - men, a - - - - men, a - men, a - - - - men, a - men,
men, a - men, a - - - - men, a - men, a - men,
men, a - - - - - - men, a - - - - - - - men, a - men,
men, a - - - - men, a - - - - men, a - men,
150
155
a - - - - - - - - men, a - - - men,
a - - - - - - - - men, a - - - men,
a - - - - men, a - - - men,
a - - - - men, a - - - men,
155
160
amen, a - - men, amen, a - - men.
amen, a - - men, amen, a - - men.
amen, a - - men, amen, a - - men.
amen, a - - men, amen, a - - men.
160

2. Confitebor

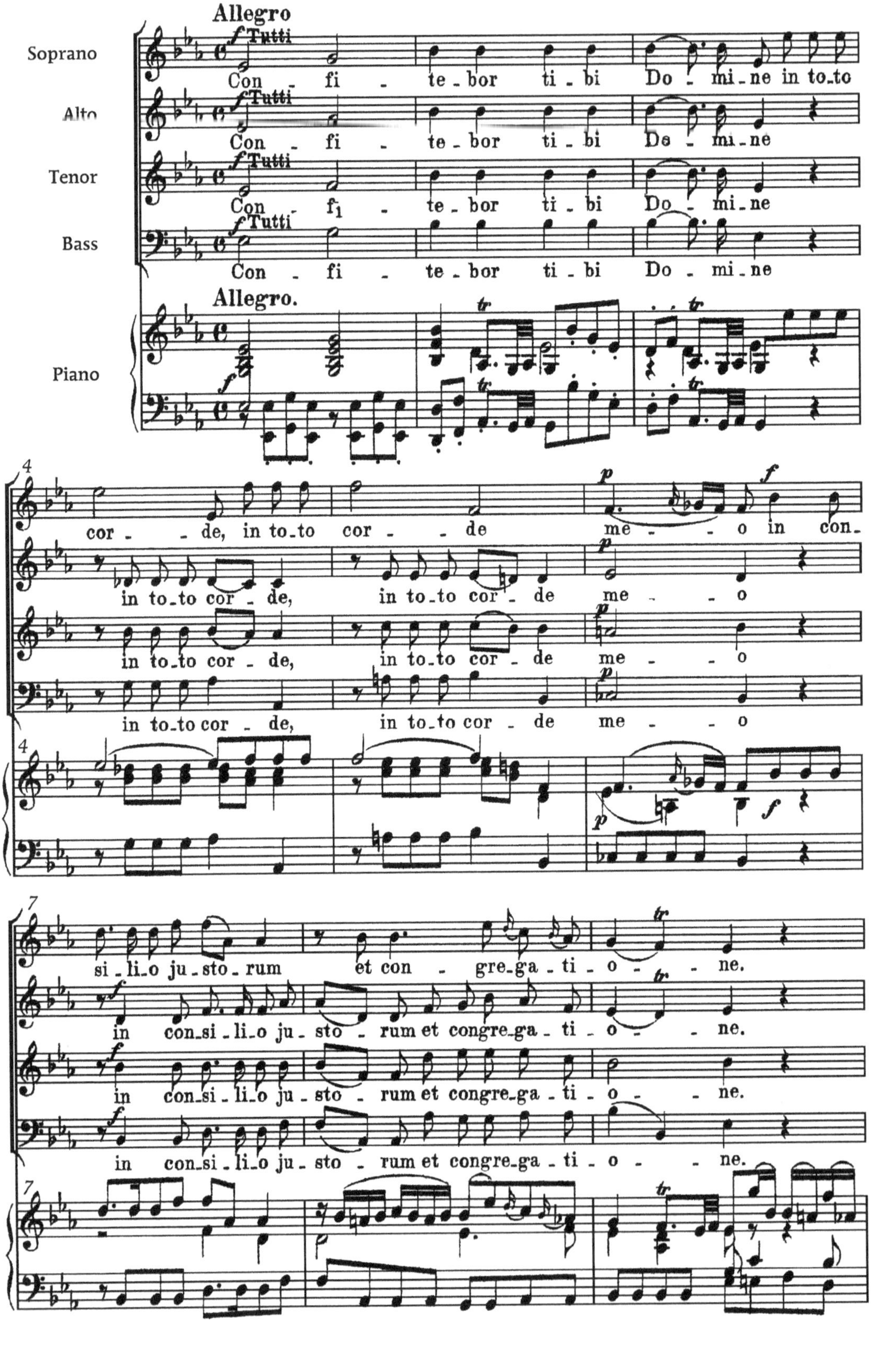

10

Ma _ gna   o _ pe _ ra Do _ mi _ ni, ex _ qui _ si _ ta

Ma _ gna   o _ pe _ ra Do _ mi _ ni,   ex _ qui

Ma _ gna   o _ pe _ ra Do _ mi _ ni,   ex _ qui _ si _

Ma _ gna   o _ pe _ ra Do _ mi _ ni,   ex _ qui _

13

in o _ mnes vo _ lun _ ta _ tes e _ jus.

si _ ta   in omnes vo _ lun _ tates e _ jus.

ta   in o _ mnes   vo _ lun _ tates e _ jus.   Con _ fes _

si _ ta   in omnes vo _ lun _ tates e _ jus.   Con _ fes _ si _ o

16

Con _ fes _ _ si _ o   et ma _ gni _ fi _ cen _ ti _ a   o _ pus

Con _ fes _ _ si _ o_____   et   ma _ gni _ fi _ cen _ ti _ a   o _ pus

_ _ si _ o   et ma _ gni _ _ fi _ _ _ cen _ ti _ a   o _ pus

et   ma _ gni _ fi _ cen _ ti _ a   o _ pus   e _ jus, o _ pus

19
e-jus, et jus-ti - ti-a e-jus ma - net, ma - net,
e-jus, et jus-ti . ti-a e-jus ma - net, ma - net.
e-jus, et jus-ti - ti-a e-jus ma - - net
e-jus, et jus-ti - ti-a e-jus ma - net, ma - net,
22
ma - net in sae-culum sae - cu-li. Me - mo - ri-
ma - net in sae-culum sae - cu-li. Me - mo - ri-
in sae-culum sae - cu-li. Me - mo - ri-
ma - net in sae-culum sae - cu-li. Me - mo - ri-
25
am fe - cit mi - ra - bi - li-um su - o - - rum mi-
am fe - cit mi - ra - bi - li-um su - o - - rum mi-
am fe - cit mi - ra - bi - li-um su - o - - rum
am fe - cit mi - ra - bi - li-um su - o - - rum

28
se - ri_cors et ju - - stus,
se - ri_cors et ju - - stus,
...et mi_se - ra - tor et
...et mi_se - ra - - tor et
31
e - - scam de - - - dit ti - men -
e - - scam de - - dit ti -
ju - stus, e - - scam de - - dit ti -
ju - stus, e - - scam de - - dit ti -
34
B
Solo
- ti_bus se. Me - - mor e_rit in
men - ti_bus se.
men - ti_bus se.
men - ti_bus se.

37
sae_culum testa_menti_ su - i. Vir_tutem o - perum, o - perum su_
40
o - rum an_nun - ti - a_bit po_pulo su - - o.
Solo
Ut det
fp
43
Solo
O - pera ma - nuum e - jus ve - ritas
Solo.
Ve - ritas, ve - ritas
il - lis, ut det il - lis_ he - - re - - di -

Fi_de_li_a o_mniamanda_ta e_jus,
et ju_di_ci_um.
et ju_di_ci_um. Con_fir_ta_tem gen_ti_um. Con_fir_ma_

in veri_ta_te et_ae_qui_ta_te.
Fa_cta in ve_ri_ta_te et_ae_qui_ta_te.
ma_____ta in_sae_culum sae_culi.
_____ta in sae_____culum sae_culi.

Re_dem_ptionem mi_sit Dominus po_pulo su_o, man_

55
da - - - - - vit in ae-ternum te-sta-men-tum suum.
58
C
Tutti
San - ctum et ter - ri - bi-le no - men e - jus.
Tutti
San - ctum et ter - ri - bi-le no - men e - jus.
Tutti
San - ctum et ter - ri - bi-le no - men e - jus.
Tutti
San - ctum et ter - ri - bi-le no - men e - jus.
62
Solo
I-ni - tium sa-pi - en - ti-ae
p
...ti - mor Do - mi-ni,
p
...ti - mor Do - mi-ni,
p
...ti - mor Do - mi-ni,

66
in_tel_lec_tus bonus o - - - mnibus fa - - - ci - - - en - ti_bus
Solo.
...o - mnibus fa_ci_en -
66
69
e - - um, lau_da - - ti - o, lau_da_ti_o
tibus e - um, lau - da - - - - ti_o
Solo
lau_da_ - ti - o e_jus, lau_da - ti_o
Solo.
lau - da - ti_o e - jus, lau - da - ti_o
69
72
e_jus ma - net, ma - net, ma - net in sae_culum sae - cu_
e_jus ma - net, ma - net, ma - net in sae_culum sae - cu_
e_jus ma - - net in sae_culum sae - cu_
e_jus ma - net, ma - net, ma - net in sae_culum sae - cu_
72

75
D
Tutti
li. Glo - - - ri-a pa - - tri et
78
fi-li-o et spi - ri - tu-i san - - cto,
81
si - cut e-rat in prin-ci - pi-o et nunc et sem - - per, et nunc et
et nunc et sem-per,

85
sem - per, et nunc et sem - per et in
et nunc et sem - per, et nunc et sem - per et in
et nunc et sem - per, et nunc et sem - per et in
et nunc et sem - per, et nunc et sem - per et in
85
88
sae - cula saecu - lorum. A - men, a -
sae - cula saecu - lorum. A - men, a -
sae - cula saecu - lorum. A - men, a -
sae - cula sae - cu - lorum. A - men,
88
91
- men, a - men, amen, amen,
- men, a - men, a - men, amen, amen,
- men, a - men, a - men, amen, amen,
a - men, amen, amen,
91

94
p
a-men, a - men, a - men, a - - men,
a-men, a - - - men, a - - -
a-men, a - men, a - men, a - - men,
a-men, a - men, a - men, a - - men,
94
p
97
f
a - - - men, a - - - men, a - - - - -
- - - - men, a - - - men, a - - - - -
a - - - men, a - - - men, a - - - - -
a - - - men, a - - - men, a - men, a - - -
97
f
101
men, a - - men, a - - men, a-men.
men, a - - men, a - - men, a-men.
men, a - - men, a - - men, a-men.
men, a - - men, a - - men, a-men.
101

3. Beatus Vir

Allegro vivace
Tutti
Soprano
Be_a - - tus vir qui ti - met
Alto
Be_a - - tus vir qui ti - met
Tenor
Be_a - - tus vir
Bass
Be_a - - tus vir
Allegro vivace.
Piano
Do - - - - - - - mi _ num, qui ti - met Do - - -
Do - - - - - - - mi _ num, qui ti - met Do - - -
qui ti_met Do - - mi_num, qui ti_met
qui ti_met Do - - mi_num, qui ti_met
- - mi - num, in man - da - tis e - jus volet ni - - -
- - mi - num, in man - da - tis e - jus volet ni - - -
Do - - mi_num, in man - da - tis e - jus volet ni - - -
Do - - mi_num, in man - da - tis e - jus volet ni - - -

17
A
mis. Po - - - - tens in ter - - ra
mis. Po - - - - tens in ter - - ra
mis. Po - tens in ter - ra e - rit,
mis. Po - - tens in ter - ra, po - tens in ter - ra
22
e - rit se - men e - - jus, ge - ne - -
e - - rit se - - men e - - jus, ge - - ne -
e - - rit se - - men e - - jus, ge - - ne -
ge - - ne - ra - - -
26
ra - ti - o re - cto - rum be - ne - di - ce - tur.
ra - ti - o re - cto - rum be - ne - di - ce - tur.
ra - ti - o re - cto - rum be - ne - di - ce - tur.
- ti - o re - cto - rum be - ne - di - ce - tur.
tr

B
Solo
Glo - ri-a et di-
vi - ti-ae in do-mo e-jus, ...ma-net in
Solo
...et ju - sti - ti-a e - jus
Solo
...et ju - sti - ti-a e - jus
Solo
...ma - - - net in
sae - culum sae-cu-li.
Tutti
Ex-or - - tum
ma-net in sae-cu-lum.
Tutti
Ex-or - - tum
ma-net in sae-cu-lum.
Tutti
Ex-
sae - culum sae-cu-li.
Tutti
Ex-or - - tum

44
est in te - ne-bris lu - men re - - ctis,
est in te - ne-bris lu - men re - - ctis,
or - - tum est in te - - ne-bris lu - men
est in te - ne-bris lu - men re - - ctis,
48
lu - men re - - ctis, mi - - se-ri-cors et
lu - men re - ctis, mi - - - - se - ricors
re - - ctis, lu - men re - ctis, mi - - - - se - ricors
lu - men re - ctis, mi - - - - se - ricors
53
C
mi - se - ra - tor et ju - - - - -
et mi - se - ra - tor et ju - - - - -
et mi - se - ra - tor et ju - - - - -
et mi - se - ra - tor et ju - - - - -

57
Solo
stus. Ju -
stus.
stus.
stus.
tr
p
61
cun - dus ho - mo, qui mi - - se - re - tur et — com - - mo -
Solo
...qui mi - - se - re - tur et — com - - mo -
66
dat,...
dat,...
Solo
...dis - po - net ser - mo - nes su - - os in ju - di - ci - o.
Solo
Qui -

71
- - a in ae - ter - num non ___ com - mo - ve - bi - tur.
71
tr
tr
f
75 D
Tutti
In ___ me - mo - ri - a ae - ter - - na ___
Tutti
In ___ me - - mo - ri - a ae - ter - - - - na e - rit
Tutti
In ___ me -
Tutti
In ___ me - mo - ri - a ae -
D
75
coll' 8va ad lib.
79
— e - rit ju - - - - - stus, ab ___ au - di - ti -
ju - - - - - stus, ab au - di - - ti - - o - - ne ___
mo - ri - a ae - - ter - na e - rit ju - stus, ab ___ au -
ter - - na e - rit ju - stus, ab au - di - ti - o - ne
79

83
o - - - ne ma - la, ab au-di-ti - o - - ne
ma - la, ab au - - di - - ti - - o - - ne
- - di - ti - - o - - - ne ma - - la non ti -
ma - - la, ab au - - di - ti - - o - ne
83
87
ma - la non ti - me - - - bit.
ma - la non ti - me - - - bit.
me - bit, non ti - me - - - bit.
ma - - la non ti - me - - - bit.
87
p
91
Solo
Pa - ra - tum cor e - jus spe -
91

96
ra - re in Do - mino. Do - nec de -
Solo
Non com - mo - ve - bi - tur do - nec de -
101
spi - ci - at i - ni - mi - cos su - os.
E
Tutti
Dis - per - sit de - dit pau -
Dis - per - sit de -
Dis - per - sit
Dis - per - sit de - dit pau -
tr
f
106
pe - ribus, ju - sti - ti - a e - jus
- dit pau - pe - ri - bus, ju - sti - ti - a
de - dit pau - pe - ri - bus, ju - sti - ti - a
pe - ribus ju - sti - ti - a e - jus ma - net,

110
Solo
ma_net, ma net in sae _ culum sae _ _ _ cu _ li. Cornu
e _ _ jus ma _ net in sae _ culum sae _ _ cu _ li.
e _ jus ma _ net in sae _ culum sae _ _ cu _ li.
ma _ _ _ _ net in sae _ culum sae _ _ cu _ li.
p
115
e _ jus ex _ al _ ta _
120
_ bi _ tur in _ glo _ ri _
tr
f p

125
F
Tutti
a. Pec - ca - tor vi - de - bit et - i - - ra - sce - tur,
Pec - ca - tor vi - de - bit - et -
Pec - ca - tor vi -
Pec - ca - tor vi - de - - - - bit et i - ra -
125
F
f
130
den - tibus su - - is - fre - met et ta - be - scet, de - - si -
i - - ra - sce - tur, den - ti - bus su - is - fre - met et ta -
de - - - - bit et i - ra - sce - tur, den - tibus su - - is
sce - tur, den - ti - bus su - - is fre - met et ta - be - scet,
130
135
de - - ri - um pec - - ca - to - rum pe - ri - bit, pe - ri - bit.
be - scet, de - - si - de - ri - um pecca - to - rum pe - ri - bit.
fre - met et ta - be - scet, de - si - de - ri - um pecca - to - rum pe - ri - bit.
de - - si - de - ri - um pecca - to - rum pe - ri - bit, pe - ri - bit.
135
p

141
Solo
Glo-ri-a patri, patri et fi-li-o
141
fp
fp
146
et spi-ri-tu-i san-cto,
Solo
Glo-ri-a pa-tri et
Solo
Glo-ri-a pa-tri et
146
tr
tr
151
et spi-ri-tu-i san-cto,
G
Tutti
si-cut
Solo
...et spi-ri-tu-i san-cto,
Tutti
si-cut
fi-li-o et spi-ri-tu-i san-cto,
Tutti
fi-li-o et spi-ri-tu-i san-cto,
si-cut
151
tr
G
f

155
e - - rat in prin - ci - pi - o et nunc et
e - rat in prin - ci - pi - o et nunc et
Tutti
si - cut e - - - rat in prin - ci - - pi - o
e - - rat in prin - ci - pi - o et nunc et
159
sem - - per et in sae - - cu - la sae - -
sem - - per et in sae-cu-la
et nunc et sem - - - per et in sae-cu-la
sem - - per et in sae - cu-la
163
- cu - - lo - - - - - rum. A - - men,
sae - - - - cu - - - - lo - - - - rum. A - - men,
sae - - - - cu - - - - lo - - - - rum. A - - men,
sae - - - - cu - - - - lo - - - - rum. A - - men,
H

168
a - - - - - - - - - - - - - - - - - - men,
a - - - - - - - - - - - - - - - - - - men,
a - - - - - - - - - - - - - - - - - - men,
a - - - - - - - - - - - - - - - - - men,
168
171
a - men, a - - men, a - men, a - - - - - - men,
a - - - - - - - men, a - - - - - - - - - - - men,
a - - - - - - - - - - - - - - - - - - - men,
a - - men, a - men, a - - men, a - - - - - men,
171
coll'8va ad lib
176
a - - - - - men,
a - - - - - men, p a - - - men,
a - - - - - men, p a - - men, a - men,
a - - - - - men, p a - - men,
176
p

180
a - men,
a - men,
a - men, a - men,
a - men, a - men,
a
180
183
men, a - men, a
men a - men,
men, a - men, a - men,
men, a - men,
183
187
men, a - men, a - men, a - men.
a - men, a - men, a - men, a - men.
a - men, a - men, a - men, a - men.
a - men, a - men, a - men, a - men.
187

4. Laudate Pueri

Do - mi - nus et su - per coe - - - - - los glo - ri - a
da - - - - bi - le no - men Do - - - - - - - mi -
no - - - - - men Do - - - - - mi - ni.
ni, lau - - da - te no - men Do - mi -
e - - - - - - jus.
ni. Quis si - cut Do - minus De - - - - us,
Quis si - cut Do - minus De - - - - us no - - - - - -
ni, lau - - - da - te. Quis si - cut Do - minus
Quis si - cut Do - minus De - us no - ster, qui in al - tis
De - - us no - ster, qui in al - tis
- - - - ster, qui in al - - - - tis ha -
De - - us no - - ster, qui in al - tis

38
A
p
ha - - - - - bi - tat. Et hu - mi - li - a
ha - - - - - bi - tat. Et hu - mi - li - a
- - - - - - bi - tat. Et hu - mi - li - a
ha - - - - - bi - tat. Et hu - mi - li - a
38
A
p
mf
44
f
respi - cit in coe - lo et in ter - - -
respi - cit in coe - lo et in ter - - -
respi - cit in coe - lo et in ter - - -
respi - cit in coe - lo et in ter - - -
44
49
B
ra? Sus - ci - tans a ter - - ra, a ter - -
ra? Sus - ci -
ra? Sus - ci - tans a ter - - ra, a ter - -
ra? Sus - ci - tans a ter - -
49
B

55
- ra in - - o - pem et de ster - -
tans a ter - - ra, a ter - ra in - - o -
- - - - ra in - - o - pem et
ra, a ter - ra in - - o - pem et de
55
61
- - co - re, et de ster - - - co - re e - -
pem et de ster - co - re e - - ri - gens pau -
de ster - - - co - re e - rigens pau - pe - rem,
ster - co - re e - - - - - ri - gens, et de ster - co - re
61
67
ri - gens pau - pe - rem. Ut col - lo - cet e - -
- - - - - - - - pe - rem. Ut
e - - ri - gens pau - pe - rem. Ut
e - rigens pau - pe - rem. Ut col - lo - cet e - -
67

73
um, ut col - lo - cet e - um cum prin -
col - lo - cet e - um, e - um cum prin -
col - lo - cet e - um, e - um cum prin -
um, ut col - lo - cet e - um cum prin -
73
79
C
ci - pi - bus, cum prin - ci - pi - bus po - pu -
ci - pi - bus, cum prin - ci - pi - bus
ci - pi - bus, cum prin - ci - pi -
ci - pi - bus, cum prin -
79
C
85
li su - i, po - pu - li su - i.
po - pu - li su - i, po - pu - li su - i.
bus po - pu - li, po - pu - li su - i.
ci - pi - bus po - pu - li su - i.
85

91
D
Qui ha - bi - ta - re
Qui ha - bi - ta - re fa - cit ste -
91
D
99
Qui
Qui ha - bi - ta - re fa - cit ste -
fa - cit ste - ri - lem in do -
ri - lem in do - mo,
99
105
ha - bi - ta - re fa - cit ste - ri - lem in domo, ma - trem
rilem in do - mo, ma - trem
mo, ma - trem fi - li -
ma - trem fi - li - o - rum lae - tan - tem, fi - li - o -
105

111
fi - li - o - rum lae - tan - - tem, ma - trem fi - li - o -
fi - li - o - rum lae - tan - - - tem, ma - trem fi - li - o -
o - - rum lae - tan - - tem, ma - trem fi - li - o -
rum lae - tan - - - - - - tem, ma - trem fi - li - o -
111
117
- rum lae - tan - tem, fi - li - o - - - - rum lae -
- rum lae - tan - tem, fi - li - o - - - - rum lae -
- rum lae - tan - tem, fi - li - o - - - - rum lae -
- rum lae - tan - tem, fi - li - o - - - - rum lae -
117
122
E
tan - - tem.
tan - - tem. Glo - - ri - a pa - - -
tan - - tem.
tan - - tem. Glo - - ri - a pa - - -
122
E

127
tri, pa - - - tri et fi - - li - o,
tri, pa - - - tri et fi - - li - o,
127
132
...et spi - - ri - - tu - i, et spi - ri - tu - i
...et spi - - ri - - tu - i, et spi - ri - tu - i
132
138
san - - - - cto, si - - cut e - - rat, e - rat
si - - cut e - - rat
san - - - - - - cto, si - - cut e - rat
si - cut e - rat
138

145
in prin - ci - - pi - o et nunc et sem - - per
in prin - ci - - pi - o et nunc et sem - - per
in prin - ci - - pi - o et nunc et sem - - per
in prin - ci - - pi - o et nunc et sem - - per
145
151
F
et in sae - cu - la
et in sae - cu - la sae - - - cu -
et in sae - cu - la
et in sae - cu - la sae - - - cu -
151
F
158
sae - - cu - lo - - rum. A - - - - men,
lo - - rum. A
sae - cu - lo - - rum. A
lo - - rum. A
158

165
a - - - - - - - - - - - - - -
- - - men, a - - - - - - - - men, a - -
- - - - - men, a - - - - - - - - men, a - -
- - men, a - - - - - - - - - - men, a - -
165
171
men, a - - - men, a - men, a - - men,
men, a - - - men, a - men, a - - men,
men, a - - - men, a - men, a - - men, a -
men, a - - - men, a - men, a - - men, a -
171
177
a - - men, a - - men, a - - men, a - men.
a - - men, a - - men, a - - men, a - men.
- men, a - men, a - - men, a - - men, a - men, a - men.
- men, a - men, a - - men, a - - men, a - men, a - men.
177

5. Laudate Dominum

20
o - - - - - - - - - - mnes po - - - pu.
24
li. Quo - niam con - fir - ma - ta est su - - - per
mf
p
Ped. *
28
nos mi - se - ri - cor - dia e - - -
p
Ped. *
32
jus, et ve - ritas,
f
p

35
ve - - - - - ritas Do - mini ma - - - - - -
mf
38
net, ma - - - - - net in ae - ter - - -
p
42
A
num.
Tutti
Glo - - - - - - - ri - a pa - tri et
Glo - ri - a pa - - - - tri et
Glo - - - - - ri - a pa - tri et
Glo - - - - - ri - a pa - tri et
R. H.

45
fi - li - o et spi - ri - tu - i san - cto,
fi - li - o et spi - ri - tu - i san - cto,
fi - li - o et spi - ri - tu - i san - cto,
fi - li - o et spi - ri - tu - i san - cto,
48
si - cut e -
si - cut e -
si - cut e -
si - cut e -
51
rat in prin - ci - pi - o
rat in prin - ci - pi - o
rat in prin - ci - pi - o
rat in prin - ci - pi - o

B
et nunc et sem - per et in
et nunc et sem - per et in
et nunc et sem - per et in
et nunc et sem - per et in
B
sae - cu-la sae - cu -
sae - cu-la sae - cu -
sae - cu-la sae - cu -
sae - cu-la sae - cu -
lo - rum. A -
lo - rum. A -
lo - rum. A -
lo - rum. A -

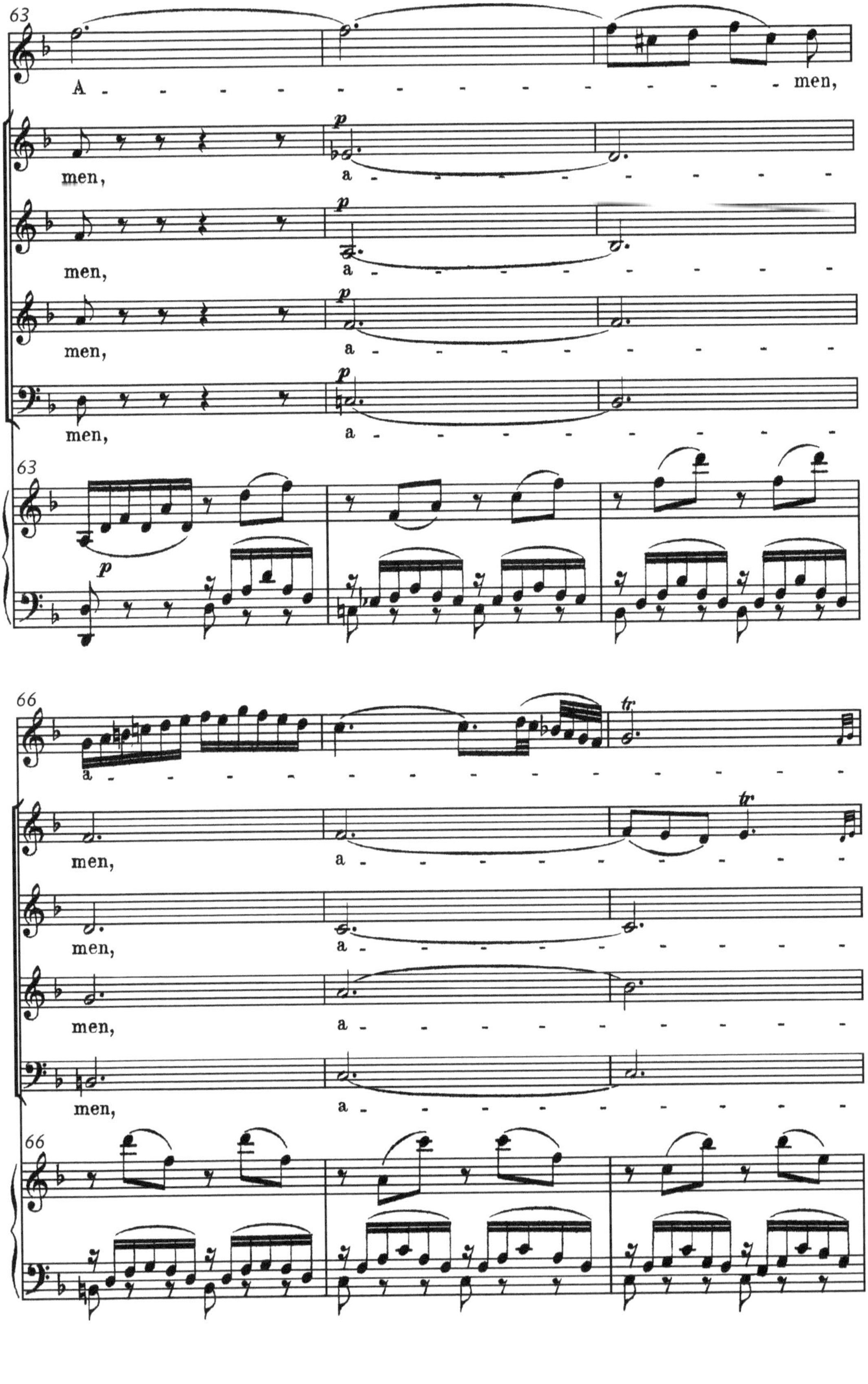
A
men,
a
men,
a
a
men,
a
men,
a
men,
a
men,
a
men,
a

6. Magnificat

2
gni - fi_cat a - nima me - a Do - minum,
Magni - fi - cat, ma-
Ma_gni - - - - - - - fi -
- - - fi - cat, ma_gni - fi_cat
(3)
ma_gni - - - - - - - fi - cat
gni - fi - cat a - ni - ma me - - - a
cat a - - - - - - - - ni_ma me - a
a - ni_ma me - a a - - ni - ma me - - - a
5
Allegro
Solo
Do - - - mi - num. Et ex - ul_ta - vit spi - ri_tus me - us in
Do - - - mi - num.
Do - - - mi - num.
Do - - - mi - num.
Allegro

8
A
Tutti
De - o sa - lu - ta - - - - ri me - o. Qui - a respexit
Qui - a respexit
Qui - a respexit
Qui - a respe - xit
8
A
tr
f
12
hu - mi - li - ta - tem an - cil - lae su - ae, ec - ce e - nim ex
hu - mi - li - ta - tem an - cil - lae su - ae, ec - ce e - nim ex
hu - mi - li - ta - tem an - cil - lae su - - - ae,
- hu - mi - li - ta - tem an - cillae su - ae, ec - ce e - nim ex
12
tr
15
hoc be - a - tum me di - cent omnes ge - ne - ra - ti - o - - -
hoc be - a - tum me di - cent omnes ge - ne - ra - ti - o - - -
ex hoc be - a - tum me di - cent o - mnes ge - ne - ra - ti - o - - -
hoc be - a - tum me di - cent o - mnes ge - ne - ra - ti - o - - -
15
tr

18
nes. Qui - a fe - cit mi - hi ma -
nes. Qui - a fe - cit
nes.
nes.
20
gna, qui - a fe - cit mi - hi ma - gna qui
mi - hi ma - gna, mi - hi ma - gna qui
Qui - a fe - cit mi - hi ma - gna qui
Qui - a fe - cit mi - hi ma - gna qui
(22)
po - tens est et san -
po - tens est et san - ctum
po - tens est et san - ctum no -
po - tens est et san - ctum no - men

B
Solo
ctum nomen e - jus. Et mi -
no - men e - jus. Et mi -
men e - jus. Et mi -
e - jus. Et mi -
se - ri - cor - di-a e - jus a pro - ge - ni-e
se - ri - cor - di-a e - jus a pro - ge - ni-e
se - ri - cor - di-a e - jus a pro - ge - ni-e
se - ri - cor - di-a e - jus...
in pro - ge - ni-es ti - men - ti-bus e -
in pro - ge - ni-es ti - men - ti-bus e -
in pro - ge - ni-es ti - men - ti-bus e -
...ti - men - ti - bus e -

C
Tutti
33
um. Fe - - - cit po - ten - ti - am in
um. Fe - - - cit po - ten - ti - am in
um. Fe - - - cit po - ten - ti - am in
um. Fe - - - cit po - ten - ti - am in
35
bra - chi - o su - - - o, dis -
bra - chi - o su - - - o, dis - per - - sit su - per - bos
bra - chi - o su - - - o, dis - per - - sit su - per - bos
bra - chi - o su - - - o, dis - per - - sit su - per - bos
(38)
per - - sit su - per - bos men - te cor - dis
men - - te cor - dis su - - - - i. De -
men - - te cor - - dis su - - i. De - po - su - it po -
men - - te cor - dis su - - - - - i. De -

40
su - i. De - po - su - it po - ten - tes de
po - su - it po - ten - tes de se - de, de -
ten - tes, de - po - su - it po -
po - su - it po - ten - tes de se - de
42
se - de
po - su - it po - ten - tes et ex - al - ta -
ten - tes de se - de
et ex - al - ta - vit, et
44
p
et ex - al - ta - vit hu -
vit hu -
et ex - al - ta - vit hu -
ex - al - ta vit hu -

46
D
Solo
Tutti
- - - - mi - les. E-su-ri-en - tes im-ple-vit bo - nis et
- - - mi - les. ...et
- - - - mi - les. ...et
- - - - mi - les. ...et
46
D
tr
49
p
di - vites di - mi - - - - - - sit in -
di - vites di - mi - - sit in - a - - - - - -
di - vites di - mi - sit in - a - nes.
di - vites di - mi - - sit.
49
f
p
52
Solo
a - - - - - nes. Sus - ce - pit I - srael
nes.
52
tr
tr

55

pu _ e _ rum su _ um, re _ cor _ da _ tus mi _ se _ ri _ cor _ _

58 **E** Tutti

_ di _ ae su _ ae. Si _ cut lo _ cu _ tus,

Si _ cut lo _ cu _ tus,

Si _ cut lo _ cu _ tus,

Si _ cut lo _ cu _ tus,

60

si _ cut lo _ cu _ tus, si _ cut lo _ cu _ tus

si _ cut lo _ cu _ tus, si _ cut lo _ cu _ tus

si _ cut lo _ cu _ tus, si _ cut lo _ cu _ tus

_ si _ cut lo _ cu _ tus, si _ cut lo _ cu _ tus

62
est ad pa - tres no - stros, ad pa - tres
est ad pa - tres no - stros, ad pa - tres
est ad pa - tres no - stros, ad
est ad pa - tres, ad pa - tres no - stros, ad
62
tr
tr
64
no - - - - - - stros, A - - - - - - bra-
no - - - - - - stros,
pa - tres no - - - stros,
pa - tres no - - - stros,
64
66
ham et se - mi - ni e - - - - - - -
A - - - - - bra - ham et se - mi - ni
A - - - bra - ham et
66

68
jus, et se - mi - ni e - - -
e - - - - - - - - - jus in sae - cu -
se - - - - - - - mi - ni e - - - - - - - - - -
A - - bra - ham et se - - - - - - mi - ni
70
jus in sae - - cu - la,
la, in sae - - cu - la,
jus in sae - - cu - la, in sae -
e - - - - - - - - - jus in sae - - - - - -
72
in sae - - - - cu - la.
in sae - - - - - - cu - la.
- - - - - - - - - - - - - cu - la.
- - cu - la, in sae - - - cu - la.
F

75
Solo
Glo - - - ri - a pa - tri et
Solo
Glo - - - ri - a pa - tri et
Solo
Glo - - - ri - a pa - - tri et
Solo
Glo - - - ri - a pa - - - - tri et
75
fp
fp
77
fi - li - o et spi - ri - - tu - i
fi - li - o et spi - - ri - - - tu - i san - - -
fi - li - o et spi - - ri - - - tu - i san - - -
fi - li - o et spi - - ri - - - tu - i san - - -
77
fp
79
san - cto, spi - - ri - - tu - i san - - -
cto, et spi - ri - - - - tu - i san - - -
cto, et spi - ri - tu - i san - - -
cto, et spi - ri - tu - i san - - -
79

81
G
Tutti
cto, si - cut
cto,
Tutti
cto, si - cut e - - rat in prin -
cto,
83
e - - rat in prin - ci - - - pi - o et
Tutti
si - cut
ci - - - pi - o et nunc et sem - - -
Tutti.
si - cut e - - rat in prin -
85
nunc et sem - - - per et in
e - - rat in prin - ci - - - pi - o et
per et in sae - cu - la sae - cu -
ci - - - pi - o et nunc et sem - - -

87
sae - cu - la sae - cu - lo -
nunc et sem - per et in
lo -
per et in sae - cu - la sae - cu -
87
89
rum, et in sae - cu - la sae -
sae -
rum, et in sae -
lo -
89
91
- cu - lo - rum,
- cu - la sae - cu - lo - rum,
- cu - la sae - cu - lo - rum,
- rum, et in sae - cu - la,
91

93
et in sae - cu - la sae - cu - lo -
et in sae - cu - la sae - cu - lo -
et in sae - cu - la sae - cu - lo -
et in sae - cu - la sae - cu - lo -
93
Ped. * Ped. *
96
rum. A - men, a -
rum. A - men, a -
rum. A - men, a -
rum. A - men, a - men, a -
96
98
men, a - men, a - men, a - men, a - men.
men, a - men, a - men, a - men, a - men.
men, a - men, a - men, a - men, a - men.
men, a - men, a - men, a - men, a - men, a - men.
98

www.ingramcontent.com/pod-product-compliance
Lightning Source LLC
Chambersburg PA
CBHW081545040426

42448CB00015B/3227